Reseña verídica de la
Revolución filipina

Reseña verídica de la Revolución filipina
Mensaje del presidente de la Revolución filipina
Mensaje a la Asamblea Nacional de Malolos
Orden general al Ejército filipino

Por Don Emilio Aguinaldo y Famy
Presidente de la República Filipina

HistoriaS

Edita: Editorial Doble J, S.L.
C/ Montevideo 14
41013 Sevilla, España
www.culturamoderna.com
editorialdoblej@editorialdoblej.com
Depósito legal:
ISBN: 978-84-96875-16-6

Índice

Reseña verídica de la Revolución filipina 1
    I La revolución de 1896 3
    II El tratado de paz de Biak-na-Bató 5
    III Negociaciones 9
    IV La revolución de 1898 19
    V El gobierno dictatorial 23
    V Los primeros triunfos 25
    VII La bandera filipina 27
    VIII Expedición á Visayas 29
    IX El vapor «Compañía de Filipinas» 31
    X La proclamación de la independencia 33
    XI La comisión española 35
    XII Nuevas tropas americanas 39
    XIII El 13 de agosto 41
    XIV Primeros nubarrones 43
    XV Esparanzas fallidas 47
    XVI La comisión americana 49
    XVII Actos impolíticos 51
    XVIII La comisión mixta 55
    XIX Ruptura de hostilidades 57

Acta de la proclamación de la independencia
del pueblo Filipino 65
Mensaje del presidente de la Revolucion filipina 73
Mensaje a la Asamblea Nacional de Malolos 77
Orden general al Ejército filipino 81

Reseña verídica de la Revolución filipina

I. La revolución de 1896

España dominó las Islas Filipinas por más de Tres siglos y medio, durante los cuales, abusos de la frailocracia y de la Administración acabaron con la paciencia de los naturales, obligándoles en los días 26 al 31 de Agosto de 1896, á sacudir tan pesado yugo, iniciando la revolución las provincias de Manila y Cavite.

En tan gloriosos días levantáronse Balintawak, Santa Mesa, Kalookan, Kawit, Noveleta y San Francisco de Malabon, proclamando la independencia de Filipinas, seguidos, á los cinco días, por todos los demás pueblos de la provincia de Cavite; sin que para ello existiera concierto prévio para ejecutar el movimiento, atraídos sin duda alguna por el noble ejemplo de aquellos.

Por lo que toca á la provincia de Cavite, si bien se circularon órdenes de llamamiento por escrito firmadas por D. Agustin Rieta, D. Cándido Tirona, y por mí, Tenientes de las tropas revolucionarias, sin embargo, no había seguridad de que fueran atendidas, ni recibidas siquiera; como en efecto, una de estas órdenes cayó en manos del español D. Fernando Parga, Gobernador Político Militar de la provincia, que dió cuenta al Capitán General Don Ramón Blanco y Erenas quién ordenó á seguida, combatir y atacar á los revolucionarios.

La Providencia que había señalado sin duda la hora de la emancipación filipina, protegió á los revolucionarios; pues solo así se explica que hombres armados de palos y «gulok», sin disciplina ni organización, vencieran á fuerzas españolas de Ejército regular, en los rudos combates de Bakoor, Imus y Noveleta, hasta el extremo de arrebatarles numerosos fusiles; lo que obligó al General Blanco á suspender las operaciones y tratar de sofocar la revolución por la política de atracción, pretextando que no le gustaba «hacer carnicería en los filipinos.»

El Gobierno de Madrid, no aprobando esta clase de política del General Blanco, envió al Teniente General don Camilo Polavieja para relevarle del cargo, mandando al propio tiempo, tropas regulares de españoles peninsulares.

Polavieja con 16 mil hombres armados de Maüser y una batería de cañones, atacó á los revolucionarios, con energía; apenas reconquistó la mitad de la provincia de Cavite; y habiéndose enfermado, dimitió el cargo en Abril de 1897.

Relevado D. Camilo Polavieja por el Capitán General D. Fernando Primo de Rivera, éste anciano guerrero persiguió en persona á los revolucionarios con tanta firmeza como humanidad, logrando reconquistar toda la provincia de Cavite y arrojando á los rebeldes á las montañas.

Entonces senté mis reales en la abrupta y desconocida sierra de Biak-na-bató, donde establecí el Gobierno Republicano de Filipinas, á fines de Mayo de 1897.

II. El tratado de paz de Biak-na-bató

Don Pedro Alejandro Paterno estuvo varias veces en Biak-na-bató á proponer la paz, que después de cinco meses y largas deliberaciones, quedó concertada y firmada en 14 de Diciembre de dicho año 1897, bajo las bases siguientes:

1ª Que era yo libre de vivir en el extrangero con los compañeros que quisieran seguirme, y habiendo fijado la residencia en Hong-kong, en cuyo punto debería hacerse la entrega de los 800,000 pesos de indemnización, en tres plazos: 400,000 á la recepción de todas las armas que había en Biak-na-bató, 200,000 cuando llegáran á 800 las armas rendidas y los últimos 200,000 pesos al completarse á 1,000 el número total de las mismas y después de cantado el «Te Deum» en la Catedral de Manila, en acción de gracias. La segunda quincena de Febrero se fijó como tiempo máximo para la entrega de las armas.

2ª El dinero sería todo entregado á mi persona, entendiéndome con entera libertad con mis compañeros y demás revolucionarios.

3ª Antes de evacuarse Biak-na-bató por los revolucionarios filipinos, el Capitán General Sr. Primo de Rivera me enviaría dos Generales del Ejército español, que permanecerán en rehenes hasta que yo y mis compañeros llegásemos á Hong-kong, y se recibiera el primer plazo de indemnización, ó sean los 400,000 pesos.

4ª También se convino suprimir las Corporaciones religiosas de las Islas y establecer la autonomía en el órden político y administrativo, aunque á petición del General Primo de Rivera, éstos extremos no se consignaron por escrito, alegando que era muy humillante hacerlo así para el Gobierno Español, cuyo cumplimiento por otra parte, garantizaba él con su honor de caballero y militar.

El General Primo de Rivera entregó el primer plazo de 400,000 pesos mientras aún permanecían los dos Generales en rehenes.

Nosotros, los revolucionarios, cumplimos por nuestra parte con la entrega de armas, que pasaron de mil, como consta á todo el mundo por haberse publicado la noticia en los periódicos de Manila. Pero el citado Capitán General dejó de cumplir los demás plazos, la supresión de frailes y las reformas convenidas, no obstante haberse cantado el «Te Deum»; lo que causó profunda tristeza á mí y á mis compañeros; tristeza que se convirtió en desesperación al recibirse la carta del Teniente Coronel D. Miguel Primo de Rivera, sobrino de dicho General y su Secretario particular, avisándome que mis compañeros y yo nó podríamos ya volver á Manila.

¿Es justo éste proceder del representante del Gobierno de España? Contesten las conciencias honradas.

III. Negociaciones

No hube de permanecer con mis compañeros por mucho tiempo bajo el peso de tan crítica situación, porque en el mes de Marzo del referido año 1898 se me presentó un judío á nombre del Comandante del buque de guerra norte-americano «Petrell», solicitando conferencia por encargo del Almirante Dewey.

Celebráronse varias con el citado Comandante en las noches del 16 de Marzo al 6 de Abril, quien solicitando de mí volviera á Filipinas para reanudar la guerra de la independencia contra los Españoles, ofrecióme la ayuda de los Estados Unidos, caso de declararse la guerra entre ésta nación y España.

Pregunté entónces al Comandante del «Petrell» lo que Estados Unidos concedería á Filipinas, á lo que dicho Comandante, contestó que «Estados Unidos era nación grande y rica, y nó necesitaba Colonias.»

En su vista, manifesté al Comandante la conveniencia de extender por escrito lo convenido, á lo que contestó que así lo haría presente al Almirante Dewey.

Estas conferencias quedaron interrumpidas por haber, el 5 de Abril, recibido cartas de Isabelo Artacho y de su Abogado, reclamándome 200,000 pesos de la indemnización, parte que le correspondía percibir como Secretario del Interior que había sido en el Gobierno Filipino de Biak-na-bató, amenazándome llevar ante los Tribunales de Hong kong, si no me conformaba con sus exigencias.

Aunque de paso haré constar que Isabelo Artacho llegó á Biak-na-bató é ingresó en el campo de la revolución el 2 de Septiembre de 1897, y fué nombrado Secretario á principios de Noviembre, cuando la paz propuesta y trabajada por D. Pedro Alejandro Paterno estaba casi concertada, como lo prueba el que en 14 de Diciembre siguiente se firmára. Véase, pues, la injusta y desmedida ambición de Artacho al pretender la participación de 200.000 pesos por los pocos días de servicios que á la Revolución prestára.

Además se había convenido entre todos nosotros los revolucionarios, en Biak-na-bató, que, en el caso de no cumplir los españoles lo estipulado, el dinero procedente de la indemnización, no se repartiría, y se destinaría á comprar armas para reanudar la guerra.

Artacho, pues, obraba entónces como un espía, agente del General Primo de Rivera, toda vez que quería aniquilar la revolución, quitándola su más poderoso elemento, cual era, el dinero. Y así fué considerado el asunto por todos los Revolucionarios, acordándose en junta, saliera yó inmediatamente de Hong-kong, evitando la demanda de Artacho, á fin de que los demás tuvieran tiempo de conjurar éste nuevo peligro para nuestros sacrosantos ideales, consiguiéndolo así en efecto: Artacho convino en retirar su demanda por medio de una transacción.

En cumplimiento de dicho acuerdo, marchéme sigilosamente de Hong-kong, el dia 7 de Abril, embarcándome en el «Taisan», y pasando por Raigón fuí á parar con la mayor reserva á Singapoore, llegando á este puerto en el «Eridan» el 21 de dicho mes, hospedándome en casa de un paisano nuestro. Tal fué la causa de la interrupción de las importantisimas conferencias con el Almirante Dewey iniciadas por el Comandante del «Petrell.»

Pero «el hombre propone y Dios dispone», refrán que en ésta ocasión se cumplió en todas sus partes; porque no obstante lo incógnito del viaje, á las cuatro de la tarde del dia de mi llegada á Singapoore, presentóse en la casa, donde me hospedaba, un inglés que, con mucho sigilo, dijo que el Cónsul de Estados Unidos de aquel punto, Mr. Pratt, deseaba conferenciar con D. Emilio Aguinaldo, á lo que se le contestó que en dicha casa no se conocía á ningún Aguinaldo; pues así se había convenido responder á todo el mundo.

Pero habiendo vuelto el inglés repetidas veces con la misma pretensión, accedí á la entrevista con Mister Pratt, la cual se verificó con la mayor reserva de 9 á 12 de la noche del dia 24 de Abril de 1898, en un barrio apartado.

En la entrevista aludida manifestóme el Cónsul Pratt que no habiendo los españoles cumplido con lo pactado en Biak-na-bató, tenían los filipinos derecho á continuar de nuevo su interrumpida revolución, induciéndome á hacer de nuevo la guerra contra España, y asegurando que América daría mayores ventajas á los filipinos.

Pregunté entonces al Cónsul qué ventajas concedería Estados Unidos á Filipinas, indicando al propio tiempo la conveniencia de hacer por escrito el convenio, á lo que el Cónsul contestó que telegráficamente daría cuenta sobre el particular á Mr. Dewey, que era Jefe de la expedición para Filipinas y tenía ámplias facultades del Presidente MacKinley.

Al dia siguiente, entre 10 y 12 de la mañana, se reanudó la conferencia, manifestando el Cónsul Mister Pratt que el Almirante había contestado acerca de mis deseos «que, Estados Unidos por lo menos reconocería la Independencia de Filipinas bajo protectorado naval y que no había necesidad de documentar éste convenio, porque las palabras del Almirante y del Cónsul Americano eran sagradas y se cumplirían, no siendo semejantes á las de los Españoles», añadiendo por último, que, «el Gobierno de Norte América era un Gobierno muy honrado, muy justo y muy poderoso.»

Deseoso de aprovechar tan providencial ocasión para regresar á mi país y reanudar la santa empresa de la Independencia del pueblo filipino, presté entero crédito á las solemnes promesas del Cónsul Americano, y le contesté que podía desde luego contar con mi cooperación de levantar en masa al pueblo filipino, con tal de que llegára á Filipinas con armas ofreciendo hacer todo cuanto pudiera para rendir á los Españoles, capturando la plaza de Manila, en dos semanas de sitio, siempre que contára con una batería de 12 cañones.

Replicó el Cónsul que me ayudaría para hacer la expedición de armas que yo tenía proyectada en Hong-kong; pues telegrafiaría enseguida al Almirante Dewey lo convenido, para que por su parte prestára su auxilio á la citada expedición.

El día 26 de Abril se llevó á cabo la última conferencia en el Consulado americano, á donde fuí invitado por Mr. Pratt, quien me notició que la guerra entre España y Estados Unidos estaba declarada, y por tanto, que era necesario me marchára á Hong-kong en el primer vapor para reunirme con el Almirante Dewey que se hallaba con su escuadra en Mirs bay, puerto de China; también recomendóme Mr. Pratt le nombrase Representante de Filipinas en América para recabar con prontitud el reconocimiento de la Independencia. Contesté que desde luego marcharía yo á Hong-kong á reunirme con el Almirante, y que en cuanto se formara el Gobierno filipino le propondría para el cargo que deseaba, si bien lo consideraba insignificante recompensa á su ayuda; pues para el caso de tener la fortuna de conseguir la Independencia, le otorgaría un alto puesto en la Aduana, además de las ventajas mercantiles y la ayuda de gastos de guerra que el Cónsul pedía para Estados Unidos; y que los filipinos estarían conformes en conceder á América en justa gratitud á su generosa cooperación.

Luego que hube tomado pasaje en el vapor «Malacca» volví á despedirme del Cónsul Pratt, quien aseguró que antes de entrar en el Puerto de Hong-kong me recibiría secretamente una lancha de la escuadra americana con el fin de evitar la publicidad, sigilo que también yo lo deseaba. Partí para Hong-kong en dicho vapor las 4 de la tarde del mismo dia 26.

A las dos ménos cuarto de la madrugada del dia 1° de Mayo fondeábamos en aquel puerto sin que saliera á encontrarnos ninguna lancha. A invitación del Cónsul de esta colonia, Mr. Wildman, dirijíme al consulado y de 9 á 11 de la noche del mismo dia de mi llegada conferencié con él, diciéndome que el Almirante Dewey se había marchado á Manila sin esperarme, por haber recibido órden perentoria de su Gobierno para atacar la escuadra española, dejando recado de que me mandaría sacar por medio de una cañonera. En aquella conferencia traté con el indicado Cónsul acerca de la expedición de armas que tenía en proyecto y convenimos en que dicho Cónsul y el filipino Sr. Teodoro

Sandico quedaban encargados de la expedición, dejando en la misma noche en poder de dichos señores la cantidad de 50.000 pesos, en depósito.

Pudo adquirirse á seguida una lancha de vapor por 1.000 pesos, y se contrató la compra de 2.000 fusiles á razón de $ 8'50 uno, con 200.000 cartuchos á razón de $ 33'50 el millar.

Al cabo de una semana, el 7 de Mayo, llegó de Manila el cañonero americano «Mac-Cullock», trayendo la noticia de la victoria del Almirante Dewey sobre la escuadra española, pero no traía órden de llevarme á Manila y á las nueve de la noche tuve con el mismo Cónsul, á su invitación, una segunda conferencia.

El 15 del mismo mes volvió de nuevo el «Mac-Cullock» que trajo la órden de trasladarme á Manila con mis compañeros, habiendo sido inmediatamente notificado del embarque por el Cónsul Wildman, y á las diez de la noche del dia 16 en el pantalan City Hall, de Hong-kong, acompañado del mismo, en unión del Comandante de la cañonera y de Mr. Barrett, ex-Secretario de la embajada americana del Reino de Siam, según propio decir del mismo, nos dirijimos en una lancha americana á un puerto de Chinese Kowloon, donde se hallaba aquel cañonero. Mr. Barrett en el acto de la despedida, ofreció visitarme en Filipinas, cumpliendo más tarde su promesa en Cavite y Malolos.

Encargóme el Cónsul Wildman que, tan pronto llegase á Filipinas, estableciera el Gobierno filipino bajo forma Dictatorial, y que él procuraría, por todos los medios posibles enviar pronto la expedición de armas como así lo cumplió en efecto.

Partiendo el «Mac-Cullock» á las 11 de la mañana del 17 de Mayo para Filipinas, fondeábamos entre doce y una de la tarde del 19 en aguas de Cavite; é inmediatamente la lancha del Almirante con su Ayudante y Secretario particular vino á sacarme para el «Olimpia», donde fui recibido con mi Ayudante Sr. Leyva con honores de General por una sección de guardias marinas.

El Almirante acogióme en su salón y después de los saludos de cortesía, preguntéle «si eran ciertos todos los telégramas que había él dirigido al Cónsul de Singapore, Mr. Pratt, relativos á mi; contestándome afirmativamente, y añadiendo que, Estados Unidos había venido á Filipinas para proteger á sus naturales y libertarles del yugo de España.»

Dijo además que «América era rica en terrenos y dinero, y que no necesitaba colonias», concluyendo por asegurarme «no tuviera duda alguna sobre el reconocimiento de la Independencia Filipina, por parte de Estados Unidos.» Y enseguida me preguntó si podría levantar el pueblo contra los Españoles y hacer una rápida campaña.

Contestéle que los sucesos darían prueba de ello; pero mientras no llegára la expedición de armas encomendada al Cónsul Wildman en uno de los puertos de China, nada podría hacer; pues sin armas cada victoria costaría muchas vidas de valientes y temerarios revolucionarios filipinos. El Almirante, ofreció enviar un vapor para activar la referida expedición de armas aparte de las órdenes que tenía dadas al Cónsul Wildman, poniendo inmediatamente á mi disposición todos los cañones que había en los buques de la escuadra española y 62 fusiles Maüser con muchas municiones, que estaban en el «Petrell» procedentes de la Isla del Corregidor.

Expreséle entonces mi profundo reconocimiento por la generosa ayuda que Estados Unidos dispensaba al pueblo filipino, así como mi admiración á las grandezas y bondad del pueblo Americano. Le expuse también «que antes de salir de Hong-kong, la colonia filipina había celebrado una junta en que se deliberó y discutió la posibilidad de que, después de vencer á los Españoles, los Filipinos tuvieran una guerra con los Americanos por negarse á reconocer nuestra Independencia, seguros de vencer por hallarnos cansados y pobres de municiones gastadas en la guerra contra los Españoles; suplicándole dispensase mi franqueza.»

El Almirante contestó «que se alegraba de mí sinceridad; y creía que así, filipinos y americanos debíamos tratarnos como aliados y amigos, exponiendo con claridad todas las dudas para la más fácil inteligencia entre ambas partes, añadiendo que, según tenia manifestado, Estados Unidos reconocería la Independencia del pueblo filipino, garantida por la honrada palabra de los Americanos, de mayor eficacia que los documentos que pueden quedar incumplidos, cuando se quiere faltar á ellos, como ocurrió con los pactos suscritos por los Españoles, aconsejándome formara enseguida la bandera nacional filipina, ofreciendo en su virtud reconocerla y protegerla ante las demás Naciones, que estaban representadas por las diferentes escuadras que se hallaban en la bahía, si bien dijo, que debíamos conquistar el poder de los españoles, antes de hacer ondear dicha bandera, para que el acto fuera más honroso á la vista de todo el mundo, y sobre todo, de los Estados Unidos, y para que cuando pasaran los buques filipinos con su bandera nacional por delante de las escuadras extranjeras infundieran respeto y estimación.»

De nuevo agradecí al Almirante sus buenos consejos y generosos ofrecimientos, haciéndole presente que, si necesario fuera el sacrificio de mi propia vida para honrar al Almirante cerca de Estados Unidos, pronto estaba dispuesto á sacrificarla.

Añadí que con tales condiciones podía asegurar que todo el pueblo filipino se uniría á la revolución para sacudir el yugo de España, no siendo de extrañar que algunos pocos estuvieran aún de su parte por falta de armas ó por conveniencias personales.

Así concluyó esta primera conferencia con el Almirante Dewey, á quien anuncié que residiría en la Comandancia de Marina del Arsenal de Cavite.

IV. La revolución de 1898

Volví al «Mac-Cullock» para ordenar la descarga del equipaje y efectos de guerra que traía, habiendo tenido ocasión de encontrar en aquellas aguas de Cavite á varios revolucionarios de Bataan, á quienes entregué dos pliegos que contenían órdenes de levantamiento para la citada provincia y la de Zambales.

Antes de fondear en el Arsenal, encontré también varias bancas llenas de revolucionarios de Kawit, mi pueblo natal, los cuales me manifestaron que hacía dos semanas esperaban mi llegada, anunciada por los mismos americanos. No poca alegría sentí al ver á mis paisanos y parientes, antiguos compañeros de la temeraria campaña del 96 al 97.

Aproveché aquella primera ocasión, pisando apenas la Comandancia de Marina en el Arsenal á las 4 de la tarde, para entregarles las demás órdenes de levantamiento. Continué toda aquella noche con mis compañeros escribiendo más y más órdenes y circulares para el mismo fin; pues sin explicar cómo ni de qué manera, aglomerábanse despachos de todas partes, pidiendo noticia de mi llegada, á la vez que consignas para levantarse contra los españoles.

Dios, sin duda alguna, tenía señalado aquel momento para el derrumbamiento del imperio español en Filipinas, porque mí inesperada llegada no podía ser saludada ni sabida con la rapidez y publicidad que aquellos hechos demuestran. Sesenta y dos voluntarios de San Roque y Caridad, armados de Remington y Maüser, organizados por los españoles, se presentaron al día siguiente, poniéndose incondicionalmente á mis órdenes. Al principio se alarmaron las fuerzas americanas por la llegada de dichos voluntarios y por precaución tomaron posiciones para defender la entrada del Arsenal; mas, enterado yo del caso, bajé á ver á dichos voluntarios, trasmitiéndoles órdenes de guardar el puesto de Dalajican, al objeto de impedir la entrada de las tropas españolas, que, según recientes noticias, así lo intentaban.

Sabedores los americanos de lo ocurrido, se tranquilizaron, y dando la consigna correspondiente á toda la tropa americana, se ordenó al Comandante del «Petrell» para que me fueran entregados los 62 fusiles y municiones ofrecidos por el Almirante, como así, en efecto, se llevó á cabo; pues al poco tiempo, á eso de las 10 del dia, las lanchas del «Petrell» traían y desembarcaban en el dique del Arsenal el referido armamento, que fue enseguida distribuido á los presentados, que por millares acudían pidiendo un puesto en las filas de la revolución y un fusil para ir á las avanzadas.

En la noche de aquel dia, 20 de Mayo, se me presentó el antiguo Jefe revolucionario, Sr. Luciano San Miguel, hoy General de Brigada, á recibir órdenes, que le fueron dadas, para el levantamiento de las provincias de Manila, Laguna, Batangas, Tayabas, Bulakan, Morong, Pampanga, Tarlak, Nueva Ecija y otras del Norte de Luzón, saliendo aquella misma noche el Señor San Miguel á ejecutarlas.

Los dias 21, 22, 23 y demás del propio mes hubo un continuado desfile de revolucionarios presentados para tomar parte en el movimiento, de tal modo que tuve necesidad de salir del Arsenal y pasar á otra casa del mismo Cavite, para dejar tranquilos á los marinos que guarnecían aquel establecimiento.

V. El gobierno dictatorial

El dia 24 se estableció el Gobierno Dictatorial, circulándose la 1ª proclama, que suscribí como Jefe del citado Gobierno. De este documento se entregaron ejemplares al Almirante Dewey y, por su mediación, á los cónsules extrangeros residentes en Manila, no obstante la incomunicación en que nos hallábamos con dicha ciudad.

Á los pocos dias, se trasladó el Gobierno Dictatorial á la casa que fué Gobierno Civil de los españoles en Cavite, porque la aglomeración de personas que de todas partes acudían hacía estrecha la primera que se tomó de un particular, y en esta fué donde recibí la grata noticia de la llegada de la expedición de armas, que fueron desembarcadas en el mismo dique del Arsenal á la vista del cañonero «Petrell», siendo 1.999 el número de rifles y 200.000 el de municiones con otros armamentos particulares.

Inmediatamente envié una Comisión á dar gracias al almirante Dewey por la pronta llegada de la expedición, merced á sus gestiones, participándole á la vez que se había fijado el día 31 del citado mes de Mayo para comenzar las operaciones. El almirante envió á su Secretario para felicitarme, así como á mi Gobierno, por la animación y actividad que se notaban á favor de la campaña, manifestándome, al propio tiempo, que entendía muy próximo el día fijado para empezar el levantamiento y que debía transferirlo para otro más lejano en el que las tropas revolucionarias estuvieran mejor organizadas. Le contesté por dicho Secretario que podía estar tranquilo el señor almirante, porque estaba todo preparado, y los filipinos tenían muchas ánsias de sacudir y librarse del yugo de los españoles, y esto suplía la disciplina, como lo justificaría el tiempo, agradeciendo, no obstante, sus buenos consejos.

Ordené enseguida la distribución á varias provincias de las armas recibidas, destinando algunas para los revolucionarios de Káwit, que fueron introducidas en la noche del 27 de Mayo, en el barrio Alapang.

VI. Los primetros triunfos

Al día siguiente, (28 Mayo 1898) y á la hora de entregarse las armas á los de Káwit en el citado barrio, presentóse una columna de más de 270 soldados españoles de Infantería marina, enviados por el General español Sr. Peña en persecución de dichas armas.

Allí fué donde se entabló el primer combate de la revolución filipina de 1898, que podemos llamar la continuación de la campaña de 1896 á 97, combate que duró desde las diez del dia hasta las tres de la tarde, en que por falta de municiones se rindieron los españoles con todas sus armas á los revolucionarios filipinos, que entraron en Cavite con los prisioneros, cuya gloriosa ocasión aproveché para sacar á luz y hacer ondear la bandera nacional, que fue saludada por un inmenso gentío, con aclamaciones de delirante alegría y grandes vivas á Filipinas independiente y á la generosa nación de los Estados Unidos, habiendo presenciado el acto varios oficiales y marinos de la escuadra americana, que demostraron claramente sus simpatías por la causa de los filipinos, tomando parte en su natural júbilo.

Este glorioso triunfo fué el preludio de continuadas victorias; pues llegado el dia 31 de Mayo, fecha fijada para el alzamiento general, Filipinas entera se levantó como un solo hombre á sacudir el poder de España.

El segundo triunfo se realizó en Binakayan, en el sitio llamado «Polvorin», donde fué atacado por los revolucionarios el destacamento español, compuesto de unos 250 hombres, rindiéndose á las pocas horas por falta de municiones.

De nuevo tomé ocasión de esta victoriosa jornada para hacer ondear nuestra bandera nacional en los altos del cuartel del «Polvorín», que se halla á orillas del mar, á fin de que la santa enseña de nuestra libertad é Independencia, fuese vista y contemplada por todos los buques de guerra, que representando todas las naciones más grandes y civilizadas del mundo, se hallaban congregadas en la bahía, observando los acontecimientos providenciales que se verificaban en Filipinas, después de más de trescientos años de dominación española.

Apenas había transcurrido una hora cuando otra bandera nuestra se vió ondear en la torre de la iglesia de Bakoor, que también se halla á orillas del mar, señal de nuevo triunfo de las tropas revolucionarias contra las fuerzas españolas que guarnecían dicho pueblo, compuestas de unos 300 hombres, los cuales por igual falta de municiones se rindíeron al ejército revolucionario.

Y así la revolución marchó de triunfo en triunfo, justificando el pueblo filipino su poder y su resolución de librarse de todo yugo extrangero, para vivir independiente, tal como yo le había afirmado al almirante Dewey, por lo que este señor y los Jefes y oficiales americanos felicitaron calurosamente á mi y al ejército filipino por los innegables triunfos, comprobados por el gran número de prisioneros que llegaban de todas partes de Luzón á Cavite.

VII. La bandera filipina

El día 1.º de Septiembre ordené que en todas las embarcaciones filipinas enarbolaran nuestro pabellón; hecho que se cumplió en primer término por los marinos de nuestra pequeña flota, compuesta de unas ocho lanchas de vapor españolas y de otros cinco buques de mayor porte intitulados «Taaleño», «Balayan», «Taal», «Bulusan», y «Purísima Concepción», donados al Gobierno filipino por sus respectivos dueños, los cuales fueron enseguida arreglados en nuestro Arsenal para el servicio de cañoneras, dotándoles de piezas de 9 y 8 centímetros que se sacaron de los buques de la escuadra española.

¡Oh! ¡qué hermosa y gallarda es nuestra bandera al aire desplegada desde los topes de nuestros buques, sobre las aguas propias de la bahía da Manila, alternando con las enseñas de otras grandes naciones, ante cuyos navíos iban y venían los nuestros con la reciente enseña de libertad é independencia! ¡Cuán respetada y admirada como nacida entre legítimos ecos triunfales del bisoño ejército filipino ante las rendidas fuerzas regulares del gobierno español!

¡El corazón se dilata de gozo; el alma se enardece de orgullo; y el patriotismo se vé complacido en medio de tan grandiosa contemplación!

* * * * *

A fines del mes de Junio visité al almirante Dewey, quien después de cumplimentarme «por los rápidos triunfos de la revolución filipina», me manifestó que los almirantes alemán y francés habíanle preguntado porqué consentía á los filipinos usar bandera no reconocida en sus embarcaciones, y que á semejante interpelación había él contestado «que con su conocimiento y consentimiento usaban los filipinos dicha bandera»; aparte de que por su valor y resolución en la guerra contra los españoles, merecían desde luego usar de dicho derecho.

Prorrumpí entonces en muestras de vivo agradecimiento ante tan valiosa y decidida protección del almirante, y ordené inmediatamente que la flota filipina llevara tropas á las demás provincias de Luzón é islas del Sur, para hacer la guerra contra los españoles que las guarnecían.

VIII. Expedición á visayas

Hízose esta expedición con mucha suerte, regresando nuestros vapores sin novedad alguna después de dejar las tropas en los puntos convenidos. Pero el «Bulusan» que fué á Masbate para recoger la columna del Coronel D. Mariano Riego de Dios y trasladarla á Samar, fué visto por los cañoneros españoles «Elcano» y «Uranus», atacándole el primero hasta el punto de hacerle zozobrar en aquellas aguas, no sin experimentar los vapores españoles, daños de alguna consideración, causados por nuestras tropas. La tripulación del «Bulusan» se salvó afortunadamente, ganando la playa a nado.

IX. El vapor «Compañía de Filipinas»

Al poco tiempo se presentó en Cavite el vapor español «Compañía de Filipinas», apresado por los revolucionarios en aguas de Aparri. Inmediatamente fué artillado y despachado con tropas para Olongapó; pero hubo de darse orden á otro cañonero nuestro para que volviera á petición del almirante Dewey, á fin de resolver la reclamación del cónsul francés acerca de dicho vapor. Enterado el almirante de que el «Compañía de Filipinas» había sido apresado con bandera española, se abstuvo de entender en el asunto, remitiéndome la carta reclamación del cónsul francés, afirmando el Almirante que «él y sus fuerzas nada tenían que ver en el asunto.»

Asi concluyó este incidente, que demuestra con claridad el reconocímiento y la protección que dispensaba el almirante Dewey á la revolución filipina.

El «Filipinas», que así se llamó desde entonces el vapor en cuestión, siguió en viaje á Olongapó, y á su vuelta llevó la expedición de tropas para libertar del poder de España las provincias del valle de Gagayán y las islas Batanes. Este vapor que de nuevo cambió de nombre y que hoy se llama «Luzón», se encuentra en el rio grande de Cagayán, varado por haber sufrido avería en su máquina.

En todas las expediciones, nuestros barcos antes de zarpar saludaban al «Olimpia» como buque insignia, cumpliendo así deberes de cortesía internacional, siendo contestados nuestros saludos con iguales demostraciones de amistad.

X. La proclamación de la independencia

El Gobierno Dictatorial dispuso la proclamación de la Independencia filipina en el pueblo de Káwit para el 12 de Junio. Al efecto envié una Comisión para dar conocimiento de ella al almirante, invitándole al propio tiempo para asistir al acto, que se verificó con toda solemnidad. El almirante mandó á su Secretario para excusar su asistencia, alegando que era día de correo.

A fines del mismo Junio, el cañonero español «Leyte» huyó para Manila de los rios de Macabebe, en donde estaba sitiado por fuerzas del General Torres y llevaba parte de las tropas y voluntarios que mandaba el coronel filipino D. Eugenio Blanco; pero habiendo sido visto por un crucero americano, se rindió voluntariamente. El almirante Dewey me entregó todos los prisioneros y todas las armas, menos el vapor, pero más tarde reclamó la devolución de los prisioneros, después de la Capitulación de Manila.

En 4 de Julio llegó la primera expedición militar de Estados Unidos al mando del General Anderson, siendo alojados en el Arsenal de Cavite.

Poco antes de llegar esta expedición militar, y las que después vinieron con el General Merrit, el almirante Dewey envió á su Secretario al Gobierno Dictatorial pidiéndome permiso para colocar las tropas americanas en Tambò y Maytubig, lugares de los pueblos de Parañaque y Pasay; á todo lo que el Gobierno Dictatorial accedió debido á las honradas promesas del almirante Dewey arriba consignadas.

En el mismo mes de Julio se presentó en Cavite el almirante acompañado del General Anderson, y despues de los saludos de cortesía, me dijo: «Ha visto V. confirmado todo cuanto le he dicho y prometido. Qué bonita es vuestra bandera. Tiene un triángulo y se parece á la de Cuba. ¿Me dará V. una de recuerdo cuando yo regrese á América?»

Le contesté que estaba convencido de su honrada palabra y de la ninguna necesidad de extender en documento sus convenios; y que en cuanto á la bandera, podía contar con ella aunque fuera en el momento.

Dewey continuó: «Los documentos no se cumplen cuando no hay honor, como ocurrió con lo que Vd. pactó con los españoles que faltaron á lo escrito y firmado. Confíen Vds. en mi palabra, que yo respondo de que Estados Unidos reconocerá la Independencia del país. Pero les recomiendo guarden por ahora mucha reserva en todo cuanto hemos hablado y convenido. Y además, les suplico tengan paciencia, si nuestros soldados atropellan á algún filipino; pues como voluntarios carecen aún de disciplina.»

Contesté al almirante que tendría presente todas sus recomendaciones de reserva, y que en cuanto á los abusos de los soldados, ya se habían dado las órdenes convenientes sobre el particular, haciendo al almirante igual advertencia con respecto á nuestros soldados.

XI. La comisión española

El almirante, cambiando repentinamente el curso de la conversación, me preguntó: «¿porqué no se alzan los vecinos de Manila como lo han hecho ya los de provincias? ¿Será verdad que aceptan la autonomía ofrecida por el General Augustín con Asamblea de Representantes? ¿Será cierto el aviso que he recibido, que ha salido de Manila una Comisión de filipinos para proponerles la aceptación de dicha autonomía, y reconocer á V. el empleo de General, así como á sus compañeros el que disfrutan?»

Le contesté que los de Manila no se alzan porque no tienen armas, y porque como comerciantes y propietarios que son, temen que de levantarse, los españoles se apoderen de sus riquezas, quemando y distruyendo lo demás, por lo que aparentan aceptar la «autonomía» por política de engaño.

Pero que yo confiaba en que todos los filipinos de Manila eran partidarios de la Independencia, como se comprobaría el día de la toma de Manila por nuestras tropas. Para entónces creo que los vecinos de Manila vitorearán con nosotros la Independencia de Filipinas, haciendo nuevas demostraciones de adhesión á nuestro Gobierno.

Díjele también que era cierto había venido una Comisión mixta á nombre del General Agustín y del arzobispo Nozaleda, la cual Comisión me había manifestado que venía obligada por los españoles, pero que hacía constar su adhesión á nuestra causa. Los individuos de la Comisión me expusieron que los españoles les habían recomendado dijeran que venían de «motu propio», sin misión concreta ni excitación de los autoridades españolas, figurando ser fieles intérpretes de todos los vecinos de Manila, pero que aseguráran que con tal de que se aceptara la «autonomía», el General Agustin y el arzobispo Nozaleda me reconocerían el empleo de General y los de mis compañeros, dándome un millón de pesos, las indemnizaciones no percibidas del pacto de Biak-na-bató, y un buen puesto con gran sueldo en la Asamblea de Representantes, promesas á las que los mismos comisionados no prestaban crédito, aunque algunos opinaban que debía recibirse el dinero para restarlo de la caja del Gobierno español y como procedente de la contribución de los filipinos. Los comisionados concluyeron por asegurarme que ellos se alzarían en Manila si se les proporcionaban armas, y que lo mejor que podía yo hacer era atacar Manila por los lugares que señalaban como puntos débiles, defendidos por destacamentos españoles fáciles de copar.

Dí las gracias á la Comisión por su sinceridad y franqueza; y les dije que se retiren tranquilos, haciendo presente á los que les habían mandado que no habían sido recibidos por falta de credencial y que, aunque las hubieran tenido según lo habían visto y oido de otros revolucionarios, D. Emilio Aguinaldo no aceptaría sus proposiciones de «autonomía», porque el pueblo filipino tenía la suficiente ilustración para gobernarse por sí mismo y estaba cansado de ser martirizado por los abusos del poder extranjero; por lo que no desea más que su Independencia, y así los españoles podían prepararse para defender su Soberanía, porque el ejército filipino les atacaría duramente y con constancia hasta tomar Manila.

También encargué á los comisionados dijeran á Nozaleda que abusaba mucho en el ejercicio de su elevado cargo, conducta contraria á los preceptos del Sumo Pontífice, que si no la enmendaba me vería, el día menos pensado, precisado á sacar á luz cosas que le llenarían de vergüenza, y que sabía que unido á Augustín habían comisionado á cuatro alemanes y cinco franceses que disfrazados me asesinarían bajo la equivocada esperanza, sin duda, de que muerto yo, el pueblo filipino se sometería tranquilamente á la Soberanía de España; error crasísimo, porque si hubiera sido asesinado, el pueblo filipino hubiera seguido con mayor calor la revolución, surjirían otros hombres como yo que vengaran mi muerte. Y por último, les recomendé á los comisionados que dijeran á los vecinos de Manila se ocuparan en sus industrias y comercios, pudiendo estar tranquilos con respecto al Gobierno nuestro, cuya norma de conducta era la rectitud y justicia, pues no teníamos frailes que corrompan aquellas virtudes cívicas que el Gobierno filipino procura ostentar ante los ojos de todas las naciones. Que trabajaran, pues, en sus negocios y no pensasen en salir de Manila para este campo, donde había escasez de recursos, y porque ya habrá demasiado gente que servía al Gobierno y al ejército; si algo nos faltaba eran armas.

La Comisión me preguntó qué condiciones impondrían los Estados Unidos y qué ventajas darían al pueblo filipino, á lo que contesté que era difícil responder á la pregunta en vista del compromiso que tenía de callar los términos del convenio; concretándome á manifestarles se fijaran en los actos de Soberanía que ejercía nuestro Gobierno Dictatorial, especialmente en las aguas de la bahía.

Estas palabras hicieron mucha impresión en el almirante, hasta el extremo de interrumpir la traducción de mis palabras por el intérprete señor Leyva, y me interpeló diciendo: ¿Porqué ha revelado V. nuestro secreto? ¿Quiere decir que V. no cumple con mi consigna y el silencio ofrecido?

Le contesté que ninguna revelación había hecho del secreto referente á él y al Cónsul. El almirante, dándome las gracias por mi reserva, se despidió en unión del General Anderson, no sin suplicarme suspendiera por entonces el ataque contra Manila, porque ellos estaban estudiando un plan para tomar con sus fuerzas Intramuros, dejando la toma de los arrabales para las nuestras.

Encargóme, sin embargo, que estudiara por mi parte otro plan para combinarlo con el suyo, con todo lo cual me conformé.

XII. Nuevas tropas americanas

Al poco tiempo, llegaron tropas americanas y con ellas el General Merrit, presentándose al Gobierno Dictatorial el Secretario del almirante con dos jefes para pedir que se les concediera ocupar nuestras trincheras de Maytubig, desde la playa hasta el camino Real, donde se unirían en cordon con las tropas filipinas que ocupaban Pasay y Singalong; á lo que también accedí, debido á las solemnes promesas del repetido almirante y naturales esperanzas de ellas nacidas sobre el apoyo y reconocimiento de nuestra Independencia.

Diez dias después de ocupado por las fuerzas americanas Maytubig, sabedores de ello los españoles que estaban en frente fortificados en el polvorín de San Antonio Abad, durante la noche sorprendieron las avanzadas americanas, que compuestas de pocos individuos no tuvieron más tiempo que para saltar de la cama y replegarse hácia su centro, abandonando sus fusiles y 6 cañones.

Oído el tiroteo por nuestras tropas acudieron inmediatamente en auxilio de los amigos y aliados, haciendo huir á los españoles y recuperando los fusiles y cañones de su poder, cuyos armamentos ordené fueran devueltos á los americanos en ley de buena amistad.

El General Noriel se oponía á ésta devolución, alegando que dicho armamento ya no era de los americanos, cuando lo ocuparon las fuerzas filipinas del poder de los españoles, pero, desatendí esta razonada oposición de mi General, ordenando terminantemente la devolución de las armas á los americanos, demostrando con ello clara y evidentemente la sincera amistad de los filipinos. Dichos fusiles y cañones con abundantes municiones, fueron, pues, devueltos á los que entonces eran nuestros aliados, apesar de que el General Noriel y sus fuerzas los habían conquistado á costa de la vida de muchos compañeros.

Poco después llegaron más refuerzos americanos y otra vez el almirante Dewey, por medio de su Secretario interesó más trincheras para su ejército, alegando que eran ya cortas las que antes les había dado, concediéndoseles entonces su continuación hasta cerca de Pasay.

XIII. El 13 de agosto

Llegó el día 13 de Agosto en que noté un movimiento general de ataque contra Manila por parte de la escuadra americana y de las fuerzas de tierra que estaban al mando del General Anderson en Parañaque.

Seguidamente ordené á mis tropas para que atacaran en todas las líneas, consiguiendo el General Pío del Pilar entrar por Sampalok y atacar á las tropas españolas que defendían el puente Colgante, las cuales se retiraron hacia el puente de España. La columna de nuestro General Gregorio H. del Pilar tomó los arrabales del Pretil, Tondo, Divisoria y Paseo de Azcárraga al Norte de Manila, y la del General Noriel, por la parte de Pasay, tomó los arrabales de Singalong y Pako, siguiendo detrás la columna americana y flanqueando las fuerzas españolas que defendían la línea de S. Antonio Abad lo que, visto por los jefes españoles, ordenaron la retirada de sus tropas hácia Intramuros, con lo cual las fuerzas americanas que ocupaban las trincheras del frente entraron, sin pegar un tiro, por los arrabales de Malate y Ermita; pero allí se encontraron con las tropas del General Noriel que se habían posesionado de los referidos arrabales y establecido sus cuarteles en el convento de Malate y Ermita, en los edificios que fueron de la Exposición regional de Filipinas, en la Escuela Normal y en la casa del Sr. Perez, en Pako.

En Santa Ana, parte Este de Manila, logró copar el General Ricarte cinco columnas españolas, auxiliado por tropas del General Pio del Pilar.

XIV. Primeros nubarrones

Los nuestros veían desembarcar fuerzas americanas en las playas de la Luneta y paseo de Santa Lucía, llamando la atención de todos el que los soldados españoles que había en la muralla de la Ciudad no tiraran contra aquellas, misterio que al anochecer de este dia se explicó por la noticia de la capitulación de la plaza hecha por el General español, señor Jáudenes, al General americano, Mr. Merrit; capitulación que se reservaron los Generales americanos, con infracción de lo convenido con el almirante Dewey, sobre formación de planes para atacar y tomar Manila juntos y en combinación los dos ejércitos, americano y filipino.

Esta inexplicable conducta de los jefes americanos se hizo más evidente con los telegramas que el General Anderson, en dicho dia 13, me dirigió desde Maytubig, rogando que ordenara á nuestras tropas no entrasen en Manila, petición que fué denegada, toda vez que era contraria á lo pactado y á los altos fines del Gobierno revolucionario, que al tomarse el inmenso trabajo de sitiar Manila durante dos meses y medio, sacrificando miles de vidas y millones de intereses materiales, no podía ser, seguramente, con otro objeto más que con el de capturar Manila y la guarnición española que defendía con firmeza y tenacidad la plaza.

Pero el General Merrit, tenaz en su propósito, rogóme ya no por medio del almirante, si no por el del Mayor Bell, retirase mis tropas de los arrabales, á fin de prevenir peligros y conflictos que son siempre de temer en una doble ocupación militar y evitar también en ello á las tropas americanas el ridículo; ofreciendo en sus tres escritos negociar, después de realizados sus deseos, á lo que accedí, pero no de pronto y de una sola vez, sino haciendo retirar gradualmente á nuestras tropas, hasta llegar á los blokhaus, con objeto de que todos los habitantes de Manila fueran testigos de nuestros hechos militares y de tan consecuente conducta con nuestros aliados americanos.

Hasta entonces y hasta la fecha en que rompieron los americanos abiertamente las hostilidades contra nosotros, había abrigado en mi sima las más fundadas esperanzas de que los jefes americanos harían valer ante su Gobierno los pactos celebrados verbalmente con el jefe de la Revolución filipina; no obstante las señales en contrario que se notaban en su conducta, sobre todo en la del almirante Dewey que, sin motivo alguno, un día del mes de Octubre se incautó de todos nuestros buques y lanchas.

Enterado de tan extraño proceder, estando ya el Gobierno Revolucionario en Malolos, envió una Comisión al General Otis para tratar del asunto, quien remitió y recomendó al almirante á nuestros comisionados, los cuales no fueron recibidos por el almirante, no obstante la recomendación del General Otis.

A pesar de este proceder de los jefes americanos, tan contrario á todos los pactos y antecedentes arriba referidos, seguí observando con ellos la misma conducta amistosa, enviando una Comisión que fué á despedirle al General Merrit, cuando su marcha para París; acto que al agradecerlo dicho General, tuvo la bondad de manifestar á nuestros comisionados que defendería á los filipinos en los Estados Unidos; así mismo envié al almirante Dewey un puñal con su vaina, todo de plata, y un bastón de caña finísima con puño de oro labrado por el mejor platero filipino, recuerdos de afecto y antigua amistad, que el almirante aceptó, consolando de esta manera y en cierto modo mi alma afligida y la de todos los filipinos que formaban el Gobierno Revolucionario, haciendo de nuevo renacer en el corazón de todos las alhagüeñas esperanzas de un arreglo con el almirante Dewey.

XV. Esperanzas fallidas

Pero desvanecidas quedaron tales esperanzas, cuando se recibió la noticia de que Mr. Dewey había obrado y obraba así contra el Gobierno Revolucionario por orden del Exemo. Mr. Mac-Kinley, que sugestionado por el partido imperialista, había decidido anexionar las Filipinas, cediendo tal vez á la ambición de explotar las inmensas riquezas naturales que oculta nuestro virgen suelo.

Esta noticia cayó como un rayo en el campo de la revolución. Unos maldecían la hora y el dia de haber tratado verbalmente con los americanos; otros, censuraban haber cedido los arrabales. Y los más, optaban por enviar una Comisión al General Otis para provocar declaraciones francas sobre la situación, formalizándose el tratado de amistad si Estados Unidos reconocía nuestra Independencia, ó se rompían en el acto las hostilidades, si se negaba á ello.

En tan grave situación á todos aconsejaba moderación y prudencia, pues aun esperaba en la justicia y rectitud del Congreso de los Estados Unidos que no aprobaría las tendencias del partido imperialista y escucharía la voz del almirante Dewey que, como alto representante de América en estas islas, concertó y pactó conmigo y el pueblo filipino el reconocimiento de nuestra Independencia.

No de otra manera, con efecto, se debe pensar en tan grave asunto; pues si América confió en el almirante Dewey el honor de sus armas en tan lejanas tierras, bien pudieron también los filipinos confiar en las honradas promesas de tan cumplido caballero como bravo marino, seguros de que el grande y noble pueblo americano no desautorizaría ni expondría al ridículo al ilustre vencedor de la escuadra española.

Del mismo modo induce a hacer este juicio la circunstancia no menos evidente y notoria de que los demás jefes americanos, que vinieron después de las sonadas victorias del almirante, los Generales Merrit, Anderson y Otis proclamaron al pueblo filipino que América «no venia á conquistar territorios si no á librar á sus habitantes de la opresión de la Soberanía española.» Sería, por tanto, exponer también el honor de estos jefes al ridículo universal, si Estados Unidos desautorizando su oficial y pública conducta se anexionara las islas por conquista.

XVI. La comisión americana

Con tan prudentes como bien fundadas reflexiones, conseguí calmar los ánimos de mis compañeros revolucionarios, á tiempo que vino la noticia oficial de que el Gobierno de Washington, á moción del almirante Dewey, había dispuesto la venida de una Comisión civil, que se entendería con los filipinos para llegar á un arreglo en el Gobierno definitivo de las islas.

La alegría y la satisfacción volvieron á renacer en el ánimo de todos los revolucionarios filipinos, y entonces dispuse el nombramiento de una Comisión que recibiera á los Comisionados americanos, al propio tiempo que daba órden estricta á todos para que guardaran con los americanos la mejor armonía, tolerando y disimulando los abusos y atropellos de la soldadesca; pues no seria de buen electo para la Comisión que se esperaba el que nos hallase desavenidos con las fuerzas de su nación.

Pero los abusos de los americanos se hacían en muchos casos intolerables: en el mercado de Arroceros, á pretexto de un juego, mataron á una muger y un niño, produciendo la indignación de toda la multitud que llenaba el lugar.

A mis Ayudantes que tenían pases para entrar en Manila armados y de uniforme, se les molestaba con repetidas detenciones en todos los cuerpos de guardia donde transitaban, viéndose claramente la intención de provocarles con el ridículo público.

¡Y mientras estas molestias se hacían con los nuestros, los jefes y oficiales americanos que entraban en nuestro campo eran atendidos y agazajados!

En la calle de Lacoste, un vigilante americano mató de un tiro á un chiquillo de siete años, por haberle quitado á un chino un plátano.

Los registros en las casas menudeaban como en tiempo de los españoles y las avanzadas de las fuerzas americanas invadían nuestras líneas, provocando á nuestros centinelas; en fin sería darle á este escrito una extensión desmedida si yo continuara relatando uno á uno los abusos y atropellos cometidos por la soldadesca americana en aquellos días de ansiedad general.

Parecían mandados ó por lo menos oficialmente tolerados los abusos con intención evidente de provocarnos á la lucha. Los ánimos estaban muy excitados, pero el Gobierno Filipino, que había asumido la responsabilidad de los actos de su pueblo, con prudentes órdenes continuadamente repetidas procuraba conservar la paz, aconsejando á todos los atropellados paciencia y cordura hasta la llegada de la Comisión civil.

XVII. Actos Impolíticos

En tan apurada como crítica situación y antes de que llegara la ansiada Comisión civil americana, se le ocurre al General Otis, gobernador militar de las fuerzas americanas, llevar á efecto dos actos á cual más impolíticos. Uno, la orden de requisar las oficinas de nuestro telégrafo en la calle de Sagunto, en Tondo, embargando los aparatos y deteniendo al oficial señor Reyna en la fuerza de Santiago, bajo el pretexto de que conspiraba contra los americanos.

¿Cómo y porqué conspiraba el Sr. Reyna? ¿No hubiera bastado al Gobierno filipino haber dado la orden de atacar, para que nuestros ocho mil hombres hubieran entrado en lucha inmediata con las fuerzas de los Estados Unidos? ¿Se había de conspirar cuando se tenía el poder en las manos? ¿Y sobre todo, un telegrafista se había de meter en cosas de guerra, cuando existía un ejército que tenía aquel deber?

Se veía, pues, la intención de zaherir y de ridiculizar directamente al Gobierno filipino para provocar la lucha, siendo de notar que este acto ya no era de la soldadesca, sino del mismo General Otis, á cuya política imperialista no convenía la llegada de la Comisión civil; y mucho menos, que encontrara á Filipinas en estado de paz, porque era evidente para dicho General, como para todo el mundo, que los filipinos se hubieran entendido y arreglado amistosamente con la citada Comisión, si hubiera ésta llegado y alcanzado el estado de paz.

Los filipinos hubiéramos recibido á dicha Comisión con muestras de verdadero cariño y completa adhesión como honrados agentes de la gran América. Los comisionados se hubieran paseado por todas nuestras provincias, viendo y observando directamente el órden y la tranquilidad en todo nuestro territorio.

Hubieran visto los campos labrados y sembrados. Hubieran examinado nuestra Constitucion y Administración pública, con perfecta tranquilidad, y habrían sentido y gozado ese inefable encanto de nuestro trato oriental, mezcla de abandono y de solicitud, de calor y de frialdad, de confianza y de suspicacia, que hace cambiar de mil colores, á cual más agradables, nuestras relaciones con los extranjeros.

¡Ah! pero ni al General Otis ni á los imperialistas convenía este paisaje. Era mejor para su criminal intención el que los comisionados americanos encontraran las desolaciones de la guerra en Filipinas, sintiendo desde su llegada el fétido olor despedido por los cadáveres de americanos y filipinos confundidos. Era mejor á sus propósitos que el caballero Mr. Shurman, Presidente de la Comisión, no pudiera salir de Manila, limitándose sólo á oír á los pocos filipinos que, reducidos por las razones del oro, eran partidarios de los imperialistas. Era mejor que la Comisión contemplara el problema filipino al través de los incendios, al silvar de las balas y al trasluz de todas las pasiones desencadenadas, para que no pudiera formar ningún juicio exacto ni cabal de los términos propios y naturales de dicho problema.

¡Ah! era mejor, en fin, que la Comisión se retirara vencida de no haber obtenido la paz y me inculpara, á mí y á los demás filipinos; cuando yo y todo el pueblo filipino anhelábamos que esa paz se hubiera hecho ayer, antes que hoy, pero paz digna y honrosa para Estados Unidos y la República Filipina, á fin de que fuera sincera y perpétua.

El otro acto impolítico cometido por el General Otis fue la publicación de la Proclama del 4 de Enero, estableciendo á nombre del Presidente Mr. Mac-Kinley la «Soberanía de América» en estas islas, con amenazas de ruina, muerte y desolación á todo el que no la reconociera.

Yo, Emilio Aguinaldo, humilde servidor de todos, pero Presidente de la República Filipina, encargado, por tanto, de velar por las libertades y la Independencia del pueblo que me ha elegido para aquel elevado y espinoso cargo, desconfié por primera vez del honor de los americanos, comprendiendo, desde luego, que ésta Proclama del General Otis había rebasado los límites de toda prudencia, y que no había más remedio que rechazar con las armas tan injusto como inesperado proceder del Jefe de un ejército amigo.

Protesté, pues, contra dicha Proclama, amenazando también con romper inmediatamente las hostilidades; pues el pueblo entero clamaba, «traición», diciendo con fundamento que la anunciada Comisión civil pedida por el almirante Dewey era una farsa y que lo que había pretendido el General Otis era entretenernos para traer refuerzos y más refuerzos de los Estados Unidos, con objeto de aplastar de un solo golpe nuestro novel y mal armado ejército.

Pero el General Otis actuó por primera vez de diplomático, y me escribió, por conducto de su secretario Mr. Carman, una carta, invitando al Gobierno filipino á que enviara una Comisión para entenderse con otra de americanos, sobre un arreglo amistoso entre ambas partes; y aunque no confiaba en la sinceridad de los amistosos propósitos de dicho General, cuya decidida intención de impedir que la Comisión alcanzara el estado de paz era ya probada, accedí, sin embargo á la citada invitación, tanto porque la vi oficialmente confirmada en órden de 9 de Enero, dada por el indicado General, como para demostrar ante el mundo, mis evidentes deseos de conservar la paz y amistad con los Estados Unidos, solemnemente pactados con el almirante Dewey.

XVIII. La comisión mixta

Celebráronse en Manila las conferencias de la Comisión mixta de americanos y filipinos, desde el dia 11 al 31 de dicho mes de Enero.

Los últimos manifestaron con claridad los deseos de nuestro pueblo de ser reconocidos como Nación independiente.

También expusieron con franqueza las quejas del pueblo filipino contra los abusos y atropellos de la soldadesca, siendo escuchados atenta y benévolamente por los comisionados americanos. Estos contestaron que ellos carecían de facultades para reconocer el Gobierno filipino, concretando su misión á la de oir, recoger las fórmulas de la voluntad de nuestro pueblo para transmitirlas fielmente al Gobierno de Washington, quien solamente podía decidir, en definitiva, del asunto, concluyendo así estas conferencias en la mejor harmonía, augurando mejores y más difinitivos días de paz para la fecha en que contestara Mr. Mac-Kinley á los telegramas del General Otis, transcribiendo nuestros deseos con recomendaciones favorables segun se dijo, por los comisionados americanos.

XIX. Ruptura de hostilidades

Y cuando yo, el Gobierno, el Congreso y el pueblo entero esperábamos tan deseada contestación, entregándose la mayor parte á las más halagüeñas impresiones, vino el fatal día 4 de Febrero, en cuya noche las fuerzas americanas atacaron de repente todas nuestras líneas, que estaban por cierto casi abandonadas, porque como sábado, víspera de fiesta, nuestros Generales y algunos jefes de los más caracterizados habían pedido licencia para retirarse al lado de sus respectiva familias.

El General don Pantaleón García fué el único que en tan crítico momento se encontraba en su puesto de Maypajo, Norte de Manila; pues los Generales Noriel, Rizal y Ricarte y los coroneles San Miguel, Cailles y otros, estaban fuera disfrutando de sus licencias.

El General Otis, segun informes verídicos, telegrafió á Washington que los filipinos habían agredido al ejército americano. El Presidente Mac-Kinley leyó el telegrama ante el Senado, donde se debatió para su ratificación el Tratado de París de 10 de Diciembre de 1898, en cuanto se refería á la anexión de las Filipinas, obteniendo por tan criminal medio la aprobación total del referido Tratado, solamente por tres votos, los cuales se dieron con la protesta de hacerlo, en consideración al estado de guerra en estas islas.

Tan singular comedia no podía subsistir por mucho tiempo, porque los filipinos nunca podíamos ser los agresores de las fuerzas americanas, cuya amistad habíamos jurado, y en cuyo poder esperábamos hallar la protección necesaria para recabar de las otras potencias el reconocimiento oficial de nuestra Independencia.

La ofuscación de los primeros momentos fué grande, pero luego fue cediendo ante la luz de la verdad que arrojaban serenas y graves reflexiones.

Cuando las personas sensatas repasaron los hechos de Mr. Mac-Kinley, enviando tropas y más tropas á Manila despues de celebrado el armisticio y aún la paz con España; cuando reflexionaron que había ido retardando el envío de la Comisión civil para ajustar con los filipinos el tratado amistoso; cuando conocieron los antecedentes de mi alianza con el almirante Dewey, preparada y arreglada por los cónsules Pratt y Wildman de Singapoore y de Hong-kong; cuando se enteraron del verdadero estado de las cosas en Filipinas el día 4 de Febrero, sabiendo que los filipinos esperaban la contestación de Mr. Mac-Kinley al telegrama del General Otis, transmitiendo los deseos pacíficos del pueblo filipino de vivir como Nación independiente; cuando, en fin, se fijaron en los términos del tratado de París cuya aprobación en lo referente á la anexión de Filipinas fué saludada con gritos de júbilo y satisfacción por el partido imperialista dirigido por Mr. Mac-Kinley, entonces abrieron los ojos á la referida luz de la verdad, percibiendo con claridad la política baja, egoista y poco humanitaria que Mr. Mac-Kinley había seguido con nosotros los filipinos, sacrificando despiadadamente á sus inmoderadas ambiciones el honor del almirante Dewey, exponiendo á este digno caballero é ilustre vencedor de la escuadra española al ridículo universal, pues no otra deducción se puede hacer del hecho de que, á mediados del mes de Mayo de 1898, el «Mac-Cullock», vapor de guerra de los Estados Unidos, me trajera, con mis compañeros revolucionarios, de Hong-kong por órden del mencionado almirante, y esté hoy dedicado á bombardear los puertos y poblados de la misma revolución, cuyo lema es la libertad y la Independencia.

Los hechos relatados son recientes, y deben retenerse aún frescos sus recuerdos en la memoria de todos.

Los que en Mayo de 1898 admiraron el valor de los marinos del almirante Dewey y los sentimientos humanitarios de este ilustre jefe, prestando apoyo visible á un pueblo oprimido para que fuera libre é independiente, no podrán seguramente cohonestar la presente inhumana guerra con aquellos elevados y honrados sentimientos.

Pasaré por alto las crueldades con que desde el rompimiento de hostilidades trató el General Otis á los filipinos, fusilando sigilosamente á muchos que no quisieran firmar el escrito, pidiendo la autonomía; nada diré de los abusos de fuerza que los soldados americanos cometieron contra inocentes é indefensos vecinos de Manila, fusilando á niños y mujeres por estar asomados á los balcones; allanando domicilios á media noche; descerrajando arcas y aparadores, y llevándose dinero, alhajas y cuantos objetos de valor encontraban, rompiendo sillas, mesas y espejos que no se podían llevar, porque al fin y al cabo, son consecuencias de la guerra, aunque impropias de un ejército culto; pero lo que no pasaré por alto es la inhumana conducta observada por dicho General con el ejército filipino, cuando para arreglar un tratado de paz con la Comisión civil presidida por Mr. Schurman, envié por tres veces mis mensajeros, pidiéndole suspensión de hostilidades.

El General Otis negó á mis enviados tan justa como prudente petición, contestando, que «no suspendía hostilidades mientras el ejército filipino no depusiera las armas.»

Pues qué, ¿no merecía este ejército ninguna consideración de parte del General Otis y de las fuerzas americanas? ¿Se habían olvidado ya de los importantes servicios que el ejército filipino prestó al americano, en la pasada guerra contra los españoles?

¿Se había olvidado ya el General Otis del favor que el ejército filipino le dispensara, cediéndole á él y á sus fuerzas los arrabales y blockhaus que con tantos sacrificios se tomaron?

¿Porqué imponía el General Otis para la paz condición tan humillante á un ejército que juntamente con el americano había derramado su sangre y cuya bravura y heroismo fueron celebrados por el almirante Dewey y otros jefes americanos?

Esta inexplicable conducta del General Otis, evidentemente contraria á todas las leyes del Derecho internacional y del honor militar, es la prueba más elocuente de su decidida intención de inutilizar la pacificadora misión de Mr. Schurman.

¿Qué paz puede concertarse al estruendo de los cañones y al silbido de las balas?

¿Qué procedimiento ha seguido y sigue el General Brooks en Cuba? ¿No siguen hasta ahora armados los cubanos, sin embargo de estarse tratando de la paz y del porvenir de aquella isla?

Y ¿somos por ventura menos dignos que aquellos revolucionarios, de la libertad y de la Independencia?

¡Oh, amada Filipinas! inculpa á tus riquezas, á tu hermosura, la inmensa desgracia que pesa sobre tus fieles hijos.

¡Has despertado la ambición de los imperialistas y expansionistas del Norte de América, y unos y otros han echado sus afiladas garras sobre tus entrañas!

¡Madre amada, madre querida, estamos aquí para defender tu libertad é Independencia, hasta morir! No queremos guerra; por el contrario, deseamos la paz, pero paz digna que no colore tus mejillas ni manche de vergüenza ni rubor tu frente; y te juramos y prometemos, que América, con su poder y sus riquezas, podrá quizás aniquilarnos matando á todos; pero esclavizarnos, ¡¡¡jamas!!!

No; no es ésta humillación el pacto que yo celebrara en Singapoore con el Cónsul americano Mister Pratt. No era tal el convenio que yo estipulara con mister Wildman, Cónsul de Hong-kong. No es, en fin, la sumisión de mi amada pátria á nuevo yugo extranjero, lo que me prometiera el almirante Dewey.

Cierto és que los tres me han abandonado, olvidando que fuí yo por ellos buscado y sacado de mi destierro y deportación, olvidando también que ninguno de los tres había solicitado mis servicios en favor de la Soberanía americana, pagando los gastos de la revolución filipina, para la que, evidentemente, me han buscado y traido á tu amado seno!

Si hay, como creo, un Dios, raíz y fuente de toda justicia, y juez eterno y único de las contiendas internacionales, no tardará mucho, madre querida, en que seas salvada de las garras de tus injustos enemigos. Yo, así lo espero del honor del almirante Dewey. Yo así lo espero de la rectitud del gran pueblo de los Estados Unidos donde, si hay ambiciosos imperialistas, tambien existen honrados círculos defensores de las humanitarias doctrinas de los inmortales Monroe, Franklin y Washington, salvo que la raza de virtuosos ciudadanos, gloriosos fundadores de la actual grandeza de la República norte-americana haya decrecido tánto, que su legítima y benéfica influencia esté supeditada por la poderosa ambición de los expansionistas; en cuyo desgraciado y último caso ¿no es más dulce morir que nacer esclava?

¡Oh sensato pueblo americano! Honda es la admiración producida en todo el pueblo filipino y su novel ejército por el valor de todos vuestros soldados y jefes. Débiles somos ante tan titánicos adalides de la ambiciosa política cesarista de vuestro actual Gobierno para resistir á su valeroso empuje; escasos son nuestros elementos; pero continuarémos en esta lucha injusta, sangrienta y desigual, no por amor á la guerra, que la detestamos, sino por defender nuestros innegables derechos á la libertad é Independencia, tán caramente conquistados, y nuestro territorio amenazado por las ambiciones de un partido que trata de sojuzgarnos.

¡Sensible es la guerra! ¡Horror nos causa sus estragos! ¡Infelices filipinos perecen en el fragor de los combates, dejando madres, viudas é hijos! Podrá para Norte-América pasar desapercibida las desgracias que ella nos acarrea; pero lo que no consentirá indudablemente el pueblo norte-americano, és que continúen sacrificándose sus hijos, llorando madres, viudas é hijas, por el sólo capricho de sostener una guerra contraria á sus honrosas tradiciones proclamadas por Washington y Jefferson.

Volved, pues, pueblo norte-americano, por vuestras legendarias libertades; llevad la mano á vuestros corazones, y decidme: ¿Os sería agradable que en el curso de los sucesos, Norte-América se encontrara en la triste situación de un pueblo débil y oprimido y Filipinas, nación libre y poderosa, en guerra con vuestros opresores, solicitara vuestro auxilio, prometiéndoos libertar de tan pesado yugo, y después de vencer á su enemiga con vuestra ayuda, os sojuzgara, negándoos esa libertad?

Pueblos civilizados, honrados habitantes de los Estados Unidos, á cuya elevada y recta consideración someto este mal pergeñado documento; ahí teneis los hechos providenciales, que prepararon la injustamente combatida existencia de la actual República Filipina y de los que, aunque indigno, Dios me ha hecho el agente principal.

La veracidad de los mismos descansa en mi palabra de Presidente de esta República, y en el honor de todo un pueblo de ocho millones de almas, que hace más de tres años lleva sacrificando vidas y haciendas de sus heróicos hijos por obtener el debido reconocimiento á sus naturales derechos de libertad é Independencia.

Y si me otorgáreis el honor de recibir y de leer este escrito y juzgárais luego con imparcialidad, declarando solemnemente de qué lado están la justicia y el derecho, os quedará eternamente agradecido vuestro respetuoso servidor,

EMILIO AGUINALDO

Acta de la proclamación de la independencia del pueblo Filipino
Cavite, 12 junio 1898

En el pueblo de Cavite Viejo, comprensión de esta provincia de Cavite, a doce de junio de mil ochocientos noventa y ocho: ante mí Don Ambrosio Rianzares Bautista, Auditor de guerra, Delegado especial nombrado para proclamar y solemnizar este acto por el Gobierno Dictatorial de estas Islas Filipinas, al efecto y en virtud de la circular que dirigió el Egregio Dictador de ellas Don Emilio Aguinaldo Fami, congregados los infranscristos entre Jefes de su Ejército y representantes de los otros de ellos que no han podido concurrir y vecinos notables de varios pueblos de las mismas, teniendo en cuenta que cansados ya sus habitantes de sobrellevar el ominoso yugo de la dominación española por las aprehensiones arbitrarias y malos tratos que hacía la Guardia Civil hasta causar la muerte por condescendencia, y hasta expresa disposición de sus Jefes que llegaban a veces a ordenar el fusilamiento de los aprehendidos bajo el pretexto de que intentaban fugarse en contravención de lo que se dispone en los Reglamentos de su Instituto cuyos abusos se dejaban impunes y por las deportaciones injustas especialmente las decretadas por el General Blanco de personas ilustradas y de cierta posición social a moción del Arzobispo y frailes interesados en mantenerles en el obscurantismo por sus miras egoístas y codiciosas, deportaciones que se llevan a cabo desde luego mediante un procedimiento más execrable que el de la Inquisición y que rechaza toda nación civilizada por resolverse sin audiencia de los que a él están sometidos, determinaron hacer un movimiento insurreccional en Agosto de mil ochocientos noventa y seis, a recobrar la independencia y soberanía de que les privó España por medio del adelantado Miguel López de Legazpi, que continuando el rumbo seguido por su predecesor Hernando de Magallanes, que arribó a las playas de Cebu y ocupó esta Isla por medio de pacto de amistad que celebró con su Rey Tupas, aunque fue muerto en el combate habido en dichas playas a que le provocó el Rey Kalipulako de Manktan, receloso de sus malas intenciones, desembarcó en la Isla de Bohol haciendo también el célebre pacto de sangre de amistad con su Rey Sikatuna para después de tomar por fuerza a Cebu, porque el sucesor Tupas no le consintió ocuparlo, venir a la capital de Manila como así hizo, granjeando igualmente la amistad de sus Reyes Soliman y La Kandela y tomando después posesión de ella por todo el Archipiélago para España, en virtud de las órdenes del Rey Felipe II.

Que dados estos precedentes históricos porque en derecho internacional no es reconocida la prescripción establecida por las Leyes para legitimar hasta la adquisición viciosa de bienes de particulares, no se puede poner en duda la legitimidad de tal movimiento que calmó y no del todo sofocó la pacificación propuesta por Don Pedro A. Paterno

Acta de la proclamación de la independencia del pueblo Filipino

con Don Emilio Aguinaldo como presidente del Gobierno Republicano constituído en Biaknabato y aceptado por el Gobernador General Don Fernando Primo de Rivera bajo condiciones que se establecieron unas escritas y otras verbales, entre ellas, las amnistía general para todos los emigrados y condenados.

Que por incumplimiento de alguna que otra de estas condiciones después de la destrucción de la Escuadra Española por la Norteamericana y bombardeo de la plaza de Cavite, volvió Don Emilio Aguinaldo para iniciar una nueva revolución, y apenas que dio la voz para efectuarse el treinta y uno del mes próximo pasado, algunos pueblos se anticiparon a moverse, y el veintiocho entre Imus y Cavite Viejo fue copada y tuvo que rendirse una fuerza española de ciento setenta y ocho al mando de un Comandante de Infantería de Marina, propagándose este movimiento como chispa eléctrica en los otros pueblos, así de esta misma provincia como de los de Bataan, Pampanga, Batangas, Bulacan, Laguna y Morong, algunos con puertos, y tal es el éxito del triunfo de nuestras armas, verdaderamente asombroso y sin ejemplo en la historia de las revoluciones coloniales, que en la primera solo quedan por rendirse los Destacamentos de Naie e Indang, en la segunda no existe ya ninguno, en la tercera esta localizada la resistencia de iguales fuerzas en el pueblo de San Fernando en él concentradas la mayor parte y el resto en los de Macabebes, Sesmoan y Guagua; en la cuarta en la Villa de Lipa, en la quinta en la Cabecera y Calumpit; y en las dos restantes en sus respectivas Cabeceras y próxima a estar completamente sitiada la Ciudad de Manila por las nuestras amén de las provincias de Nueva Ecija, Tarlac, Pangasinan, Union, Zambales, y algunas otras de las Islas Visayas insurreccionadas en algunos de sus pueblos, en unos casi a raíz de aquella pacificación y en otros aún antes, de suerte que puede darse por segura la independencia de nuestro territorio y reivindicada nuestra soberanía, y tomando por testigo de la rectitud de nuestras intenciones al Juez Supremo del Universo, bajo la protección de la Potente y Humanitaria Nación Norte Americana,

proclamos y declaramos solemnemente en nombre y por la Autoridad de los habitantes de todas estas Islas Filipinas, que son y tienen el derecho de ser libres e independientes, que están desligadas de toda obediencia a la Corona de España, que todo lazo politico entre unos y otra, está y debe estar completamente roto y anulado y que como todos los Estados libres e independientes, tienen plena Autoridad para hacer la Guerra, concluir la paz, celebrar tratados mercantiles, contraer alianzas, reglamentar el Comercio y realizar todos demás actos y cosas que los Estados Independientes tienen el derecho de hacer, y poseídos de firme confianza en la protección de la Divina Providencia, comprometemos mutuamente para sostenimiento de esta declaración, nuestras vidas, nuestras fortunas y nuestro bien más sagrado que es el honor.

Admitimos, aprobamos y confirmamos con las disposiciones emanadas de ellas, la Dictadura constituída por Don Emilio Aguinaldo a quien acatamos como Jefe Supremo de esta Nación que empieza ya hoy a tener vida propia, por creer haber sido el instrumento elegido por Dios, a pesar de sus humildes dotes para efectuar la redención de este desdichado pueblo, preconizada por el Doctor Don José Rizal en los versos magníficos que compuso al ser puesto en Capilla para ser fusilado, librádole del yugo dela dominación Española en castigo de la impunidad que su Gobierno dejaba de los abusos que cometían sus subordinados, y de los fusilamientos injustos de dicho Rizal y otros que fueron sacrificados para contentar a la frailocracia insaciable en su sed hidrópica de venganza y de exterminio de todos los que se oponen a sus maquiavélicos fines con conculcación del Código Penal que dio para estas Islas, y de los de personas meramente sospechosas, ordenados por los Jefes de Destacamentos, a instigación de los frailes sin forma ni figura de juicio y sin auxilio spiritual de nuestra sagrada Religión, igualmente que para el mismo fin fueron ahorcados los eminentes patricios curas filipinos Doctor Don José Burgos, Don Mariano Gómez y Don Jacinto Zamora, cuya sangre inocente derramada en virtud de intriga de esas corporaciones mal llamadas religiosas que simularon la insurrección militar estallada la noche del veintiuno de enero de mil ochocientos setenta y dos en el fuerte de San Felipe de la plaza de Cavite, atribuyendo su promoción a dichos mártires para impedir el cumplimiento del Decreto-Sentencia dictado por el Consejo de Estado en el recurso contencioso Administrativo interpuesto por el Clero Secular contra las Reales Ordenes por las que se mandó entregar los curatos que poseía en este Arzobispado a los Recoletanos en cambio de los que regentaban en Mindanao que se cedían a los Jesuítas, revocándolas por completo y ordenando la devolución de aquellos curatos cuyo expediente quedó archivado en el Ministerio de Ultramar; a donde fue remitido en los últimos meses del año anterior para extender la oportuna Real Prohibición; fue la que hizo brotar el árbol de la libertad de este nuestro querido suelo, haciéndolo crecer los inicuos procedimientos empleados para oprimirnos más y más, hasta que agotada la última gota del cáliz de nuestros sufrimientos, estalló la pasada insurrección en Caloocan, se propagó en Santamesa y continuó con las inmediatas en esta provincial, donde el heroísmo sin igual de sus habitantes dio al traste con los combates del General Blanco, y contuvo a las numerosas huestes del General Polavieja por espacio de tres meses, sin los elementos de guerra de que hoy disponemos y empezando con armas propias de este país que son el bolo, caña agusada y saeta.

Además conferimos a nuestro renombrado Dictador Don Emilio Aguinaldo todas las facultades necesarias para desempeñar dibidamente su Gobierno inclusas las prerrogativas de indulto y amnistía.

Y por ultimo se acordó unánimemente que esta Nación ya Independiente desde hoy, debe usar la bandera que hasta ahora sigue usando, cuya forma y colores se hallan descritos en el Adjunto dibujo con el remate que representa al natural con tres referidas armas significando el triángulo blanco como distintivo de la célebre Sociedad «Katipunan» que por medio de pacto de sangre empujó a las masas a insurreccionarse; representando las tres estrellas las tres principales Islas de este Archipiélago, Luzon, Mindanao y Panay en que estalló este movimiento insurreccional; indicando el sol los agigantados pasos que han dado los hijos de este país en el camino del progreso y civilización, simbolizando los ocho rayos de aquél las ocho provincias: Manila, Cavite, Bulacan, Pampanga, Marinduque, Bataan, Laguna y Batangas, declarando en estado de guerra apenas se inició la primera insurrección; conmemorando los colores azul, rojo y blanco los de la bandera de los Estados Unidos de la América del Norte, como manifestación de nuestro profundo agradecimiento hacia esta Gran Nación por la desinteresada protección que nos presta y seguirá prestando.

Acta de la proclamación de la independencia del pueblo Filipino

Y empuñando la dicha bandera la presenté a los Señores congregados:

Don Segundo Aveliano, Don Tiburcio del Rosario, Don Sergio Matias, Don Agapito Zialeita, Don Glaviano Alonso, Don Mariano Legazpi, Don José Turiano Santiago y Acosta, Don Aurelio Tolentino, Don Félix Ferrey, Don Felipe Buen Camino, Don Fernando Canon Faustino (hijo), Don Anastasio Gimenez, Don Timoteo Bernali, Don Flaviano Rodriguez, Don Luciano Masancay, Don Narciso Muguya, Don Gregorio Villa, Don Luis Perez de Tayle, Don Canuto Celestino, Don Marcos Foesien, Don Martin de los Reyes, Don Ciriaco Bansa, Don Manuel Santos, Don Mariano Toribio, Don Gabriel Reyes, Don Hugo Lim, Don Emiliano Lim, Don Fausto Tisono, Don Rosendo Simon, Don Leon Tanyangues, Don Gregorio Bonifacio, Don Manuel Salafranca, Don Simon Villareal, Don Calixto Lara, Don Beneventura Toribio, Don Zacarias Fajardo, Don Florencio Manulo, Don Ramon Ganas, Don Marcelino Gomez, Don Valentin Polintan, Don Felix Polintan, Don Evaristo Dimulantu, Don Gregorio Alvarez, Don Sabas de Guzman, Don Esteban Francisco, Don Guido Yap-tinchay, Don Sillariano Rianzares Bautista, Don Francisco Arumbulo, Don Antonio Gonzalez, Don Juan Arevalo, Don Ramon Delfino, Don Honorio Tiengea, Don Francisco del Rosario, Don Epifanio Saguil, Don Ladislao Afable Jose, Don Sixto Rolian, Don Luis de Lara, Don Marcelo Basa, Don Jose Medina, Don Epifanio Ciriaia, Don Pastor Lopez de Leon, Don Mariano de los Santos, Don Santiago Garcia, Don Claudio Tria Tirona, Don Estanislao Tria Tirona, Don Daniel Tria Tirona, Don Andrés Tria Tirona, Don Carlos Tria Tirona, Don Sulpicio P. Antony, Don Epitasio Asuncion, Don Catalino Ramon, Don Juan Bordador, Don José del Rosario, Don Riverso Pulido, Don José Maria del Rosario, Don Ramon Magcanes, Don Antonio Calingo, Don Pedro Mendiola, Don Estanislao Calingo, Don Numercano Castilla, Don Federico Toma Cruz, Don Teodoro Yates, Don Ladislao Dina,

los cuales juraron solemnemente reconocerla y defenderla hasta la última gota de nuestra sangre.

Por esto lo cual extiendo la presente Acta que forman conmigo los concurrentes en este acto como asi mismo el único extranjero Subdito Norteameriacano Mr. L. M. Johnson, Coronel de Artilleria que asistió a el mismo de que certifica.

Mensaje del presidente de la Revolucion filipina
Cavite, 23 Junio 1898

Si es verdad como es verdad que la Revolución política bien entendida es el medio violento que emplean los pueblos para reivindicar la soberanía que naturalmente les corresponde, usurpada y pisoteada por un Gobierno tiránico y arbitrario, la Revolución Filipina no puede ser más justa, porque el pueblo ha recurrido a ella después de haber agotado todos los medios pacíficos que la razón y la experiencia aconsejaran.

Los antiguos reyes de Castilla se obligaron a mirar las Filipinas como un pueblo hermano unido al español en una perfecta solidaridad de miras e intereses, tanto que por la Constitución de 1812 promulgada en Cádiz con motivo de la Guerra de la Independencia española, estaban representadas estas islas en las Cortes Españolas; mas los intereses de las Corporaciones monacales que han encontrado siempre un apoyo incondicional en el Gobierno español, se sobrepusieron a este deber sagrado, y las Filipinas quedaron excluidas de la Constitución Española, y el pueblo a merced de las facultades discrecionales o arbitrarias del Gobernador General.

En este estado, el pueblo clamaba justicia, pedía a la Metrópoli el reconocimiento y restitución de sus seculares derechos mediante reformas que lo asimilasen por modo gradual y progresivo a ella; pero su voz quedaba pronto ahogada y sus hijos obtenían como premio de su abnegación, la deportación, el martirio y la muerte. Las Corporaciones religiosas con cuyos intereses siempre opuestos a los del pueblo Filipino, se ha identificado el Gobierno español, se burlaban de estas pretensiones, y contestaban a ciencia y paciencia del mismo Gobierno, que las libertades españolas habían costado sangre.

¿Qué otro recurso le quedaría entonces al pueblo de insistir como debía en la reivindicación de sus preteridos derechos? No le quedaba otro medio que la fuerza, y convencido de esto ha recurrido a la Revolución.

Y ya no se limita a pedir la asimilación a la Constitución política española, sino que pide la separación definitiva de ella; lucha por su Independencia, en la completa seguridad de que ha llegado el tiempo en que puede y debe gobernarse a sí mismo.

Así ha constituido un Gobierno Revolucionario sobre leyes sabias y Justas, acomodadas a las circunstancias anormales por las que atraviesa, y que al propio tiempo lo preparen para una verdadera República. Así, tomando por única norma de sus actos la razón, por único fin la justicia, y por único medio el trabajo honrado, llama a todos los Filipinos sus hijos sin distinción de clases, y los invita a que se unan solidariamente con el objeto de formar una Sociedad noble, no por la sangre ni por los títulos pomposos, sino por el trabajo y el mérito personal de cada uno; una Sociedad libre donde no existan egoísmo y política personal que aniquilen y aplasten, ni envidia y favoritismo que envilezcan, ni fanfarronería ni charlatanería que ridiculicen.

Y no podía ser otra cosa: un pueblo que ha dado pruebas de sufrido y valiente en la tribulación y el peligro, y de trabajador y estudioso en la paz, no es para la esclavitud; ese pueblo está llamado a ser grande, a ser uno de los brazos más firmes de la Providencia para regir los destinos de la humanidad; ese pueblo tiene recursos y energía bastantes para librarse de la ruina y aniquilamiento en que lo ha puesto el Gobierno español, y reclamar un sitio modesto pero digno, en el concierto de las naciones libres.

EMILIO AGUINALDO

Mensaje leído por el presidente del congreso revolucionario de Filipinas, Don Emilio Aguinaldo y Famy, en la apertura de la asamblea nacional celebrada en Malolos (Bulacan) el dia 15 de Septiembre de 1898

Señores representantes:
Coronada felizmente la obra de la Revolución y firmemente consolidada la reconquista de nuestro territorio, es llegado el momento de declarar que la misión de las armas, brillantemente realizada por nuestro heróico ejército, pide una tregua para hacer plaza a los consejos que el país pone al servicio del Gobierno, para auxiliar a éste en el desarrollo de su propia libertad y justicia, mensaje divino escrito en las enseñanzas del campo revolucionario.

Tarea grande y gloriosa, siquiera empresa al alcance de toda clase de patriotas, esta de guerrear y romper lanzas con tropas indisciplinadas por la misma injusticia de lo que defienden. Pero no es todo.

Quedan todavía por resolver los graves y transcendentales problemas de la paz, para los que la patria misma que demandó de nosotros el sacrificio de nuestra sangre y de nuestras fuentes de riqueza, reclama también a la hora presente, solemne documento, expresivo de las altas aspiraciones del país rodeado con todos los privilegios y todas las grandezas de la raza filipina, para saludar con él a la majestad de las naciones que conciertan en los altos fines de la civilización y del progreso.

A esas naciones grandes, naciones amigas, cuya libertad gloriosa cantada por la Historia, fue santa evocación que acompañó a nuestra empresa en sus increíbles esfuerzos, a esas naciones dirige cordial salutación de alianza inquebrantable, el pueblo filipino.

Al abrirse para nosotros el templo de la ley, yo bien sé cómo ha de acudir el pueblo Filipino, el pueblo sensato por excelencia. Purgado de sus antiguos errores, con el olvido de tres siglos de afrenta, abierto el corazón a todas las más nobles expansiones, y en el alma la ventura de ser libre; complacido en sus virtudes, e inflexible con sus propias flaquezas, aquí en la iglesia de Barasoain, santuario un tiempo de plegarias místicas, templo muy augusto y severo del dogma de nuestra independencia, aquí viene a recoger en nombre de la paz, tal vez cercana, los sufragios de nuestros pensadores y de nuestros políticos, de aguerridos defensores del patrio suelo y de profundos psicólogos del verbo tagalo, de inspirados artistas y poderosas figuras de la alta banca, para escribir con estos votos el libro inmortal de la Constitución Filipina como suprema expresión de la voluntad nacional.

Manos ilustres de Rizal, de López de Jaena, de (Marcelo) Hilario del Pilar; sombras augustas de Burgos, Peláez y Panganiban; genios guerreros de Aguinaldo y Tirona, de Natividad y Evangelista: surgid un momento de vuestras ignoradas tumbas: ved cómo el legado histórico que por juro de heredad pasara de vuestras manos a las nuestras; vedlo centuplicado y crecido hasta lo inmenso, hasta lo infinito por el esfuerzo gigante de nuestras armas, y más que por las armas, por la eterna sugestión divina de libertad, prendiendo como llama sagrada en el alma filipina! ¡Ni Dios, ni la patria nos otorguen el triunfo, sino a condición de compartir con vosotros los laureles de hazañosa pelea!

Y vosotros los Representantes de la soberanía popular, volved los ojos al alto ejemplo de tan esclarecidos patriotas. Sea este ejemplo y su venerado recuerdo, a la vez que la generosa sangre derramada en estos campos de batalla, poderoso incentivo que despierte en vosotros noble emulación para dictar con la alta sabiduría que exige vuestro prestigioso mandato, las leyes que en era venturosa de paz han de regir los destinos políticos de nuestro Patria.

He dicho

Suplemento al *Heraldo Filipino*.
Orden general al Ejército filipino
Domingo, 5 de Febrero de 1899

A las nueve de la noche de este día, he recibido de la Estación de Caloocan un parte comunicándome que las fuerzas americanas atacaron sin previo aviso ni motivo justificado nuestro campamento en San Juan del Monte y nuestras fuerzas que guarecen los blockhouses de los alrededores de Manila, causando bajas entre nuestros soldados, los cuales en vista de tan inesperada agresión y del decidido empeño de los agresores, hubieron de defenderse hasta que se generalizó el fuego por toda la línea.

Yo deploro como el que más esta ruptura de hostilidades: tengo la conciencia tranquila de haberla querido evitar a todo trance, procurando conservar con todas mis fuerzas la amistad del Ejército de ocupación aún a costa de no pocas humillaciones y muchos derechos sacrificados.

Pero tengo el deber ineludible de mantener íntegro el honor nacional y el del ejército tan injustamente atacado por los que, preciándose de amigos y libertadores, pretenden dominarnos en sustitución de los españoles, como lo demuestran los agravios enumerados en mi manifiesto del 8 de Enero ultimo; los continuos atropellos y violentas exacciones cometidos contra el vecindario de Manila; las conferencias inútiles y todos mis esfuerzos frustrados en pro de la paz y la concordia.

Ante esta provocación que no esperaba, solicitado por los deberes que me imponen el honor y el patriotismo y la defensa de la nación a mí encomendada, invocando a Dios por testigo de mi buena fe y de la rectitud de mis intenciones;

Ordeno y mando:

1º Quedan rotas la paz y las relaciones de amistad entre las fuerzas filipinas y las americanas de ocupación, las cuales serán tratadas como enemigos dentro de los límites prescritos por las leyes de la guerra.

2º Serán tratados como prisioneros de guerra los soldados americanos que fueren cogidos por las fuerzas filipinas.

3º Este Bando será notificado a los Sres. Cónsules acreditados en Manila y al Congreso, para que acuerde la suspensión de las garantías constitucionales y la consiguiente declaración en estado de guerra.

Dado en Malolos a 4 de Febrero de 1899

EMILIO AGUINALDO,
GENERAL EN JEFE

www.ingramcontent.com/pod-product-compliance
Lightning Source LLC
Chambersburg PA
CBHW061338040426
42444CB00011B/2981